*Senegal*

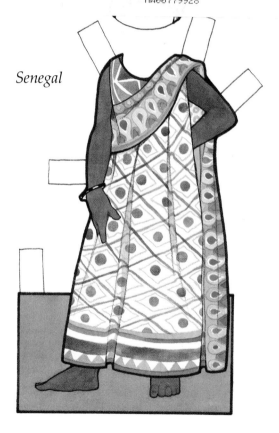

1

*Mali:*
*Fulani dancer*

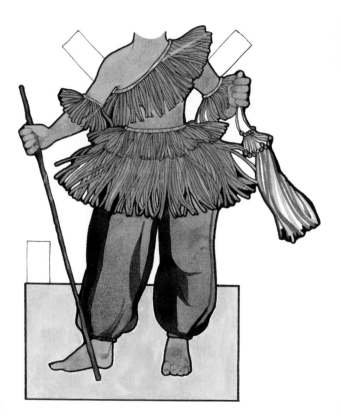

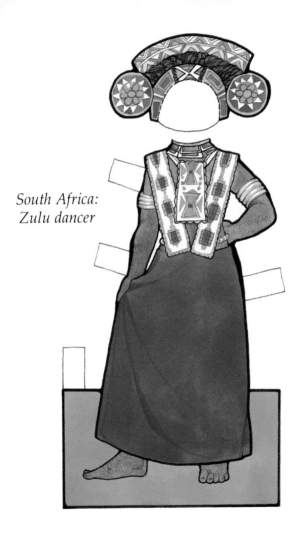

*South Africa:*
*Zulu dancer*

3

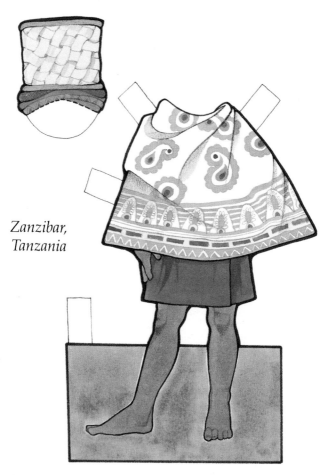

Zanzibar,
Tanzania

4

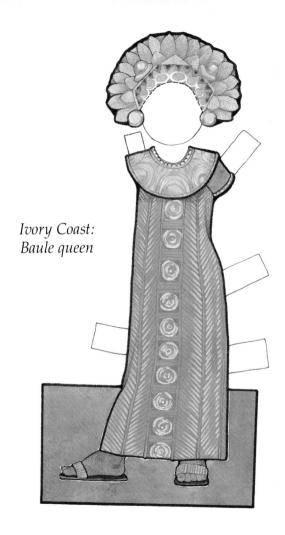

*Ivory Coast:*
*Baule queen*

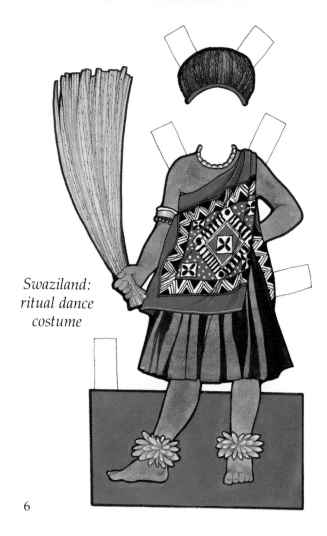

*Swaziland: ritual dance costume*

6

*South Africa:*
*Xhosa villager*

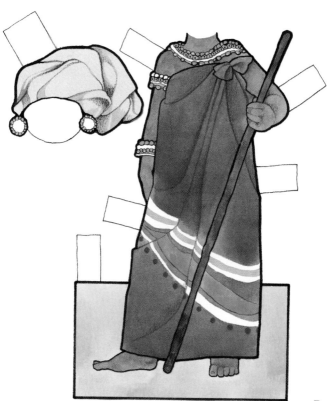

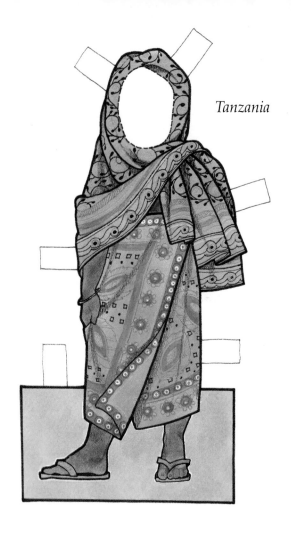

*Tanzania*